FACULTÉ DE DROIT DE TOULOUSE.

Acte Public

POUR LA LICENCE.

MARIE ESCUDIER,

IMPRIMEUR-LIBRAIRE, RUE SAINT-ROME, 26.

1835.

ACTE PUBLIC

POUR LA LICENCE,

En exécution de l'art. 4, tit. 2, de la loi du 22 ventôse, an 12.

SOUTENU PAR

M. Glandin (Firmin),

Né à Gourdon (Lot),

JUS ROMANUM.

De inofficioso testamento.

Inofficiosum testamentum est illud quod contra officium pietatis factum fuit.

Ad illos competit actio inofficiosi testamenti, qui iniquè id est sine causâ obliti vel præteriti fuêre. Ne parentes vel liberi sanguinis vinculi obliti , extraneas personas legitimis hæredibus anteponant , et parentibus et liberis jus illud concessum est.

Voluerunt quoque prudentes propter inofficiositatem in fratres et sorores rescindi posse testamenta, sed in eo casu tantùm, si illis prælata fuerit persona turpis.

Sed non erat locus inofficiosi testamenti, si naturales hæredes quam minimam partem in testamento habuissent, tunc enim neque obliti, neque præteriti fuêre, illis tantùm legitima quarta debebatur.

Non erat locus inofficiosi testamenti, si naturales hæredes vel donationibus, vel legatis, denique quodam modo hæreditatem adierint.

Tam autem naturales liberi quam secundùm constitutionem adoptati de inofficioso testamento agere possunt, iniquè enim esset adoptivos filios oblitos vel sine causâ præteritos; nullam post longum laborem paternæ hæreditatis partem habere.

CODE CIVIL.

Tit. viii. — *Des priviléges et hypothèques.*

CHAPITRE I.

Tous les biens du débiteur étant le gage des créanciers, quiconque s'est obligé personnellement, est tenu de remplir son engagement sur tous ses biens mobiliers et immobiliers, présens et à venir ; mais tous les créanciers n'ayant pas le même droit, nous allons nous occuper des causes légitimes de préférence.

CHAPITRE II.

Des Priviléges.

Le privilége est le droit que la qualité de la créance donne au créancier, d'être préféré aux créanciers antérieurs, même hypothécaires. Les priviléges se divisent en priviléges sur les meubles et priviléges sur les immeubles, ils peuvent aussi s'appliquer à la fois aux meubles et aux immeubles.

SECTION I. — *Des priviléges sur les meubles.*

Les priviléges sur les meubles sont ou généraux ou spéciaux, selon qu'ils s'appliquent à tous les meubles ou à certains meubles seulement; nous allons nous occuper d'abord de ceux qui s'étendent à tous les meubles.

§ 1. — *Des priviléges généraux sur les meubles.*

Les priviléges qui s'étendent à tous les meubles, sont ceux énoncés dans l'art. 2101; il faut remarquer que ces priviléges s'exercent dans l'ordre et selon les numéros établis par le code.

§ 2. — *Des priviléges sur certains meubles.*

Les priviléges qui n'existent que sur certains meubles sont énoncés dans l'art 2102, ce sont ceux du propriétaire de la maison louée ou de l'immeuble baillé à ferme, dans le cas d'un bail authentique ou sous signature privée, pourvu que l'acte ait une date certaine, sur le prix de tout ce qui garnit la maison et de tout ce qui sert à l'exploitation de la ferme, soit qu'il conserve ces meubles entre ses mains, soit qu'il les revendique dans le temps que la loi lui accorde — celui du créancier sur le gage dont il est saisi — les frais faits pour la conservation de la chose, — le privilége du vendeur d'effets mobiliers non payés. Mais il faut remarquer que le privilége du vendeur d'effets mobiliers non payés, [ne s'exerce toutefois qu'après celui du propriétaire de la maison ou de la ferme, à moins qu'il ne soit prouvé que le propriétaire avait connaissance que les meubles et autres effets garnissant sa maison ou sa ferme n'appar_ tenaient pas au locataire — les fournitures d'un aubergiste sur les effets du voyageur transportés dans son auberge — les frais de voiture sur la chose voiturée — les créances résultant d'abus et pré-varications commis par des fonctionnaires publics dans l'exercice de leurs fonctions, sur les fonds de leur cautionnement et les intérêts qui peuvent en être dus,

SECT. II. — *Des priviléges sur les immeubles.*

Les créanciers privilégiés sur les immeubles sont : 1° le vendeur sur l'immeuble vendu; et s'il y a plusieurs ventes successives dont le prix soit dû, le premier vendeur est préféré au second et ainsi de suite;

2° Ceux qui ont fourni des deniers pour l'acquisition d'un immeuble, à la charge par eux d'établir d'une manière authentique la destination de la somme;

3° Les cohéritiers d'une succession pour la garantie des partages et des soultes ou retour des lots;

4° Les architectes, entrepreneurs et autres pour le montant des constructions et réparations des immeubles, pourvu toutefois que la nécessité en soit légalement constatée;

5° Ceux qui ont prêté des deniers pour payer ou rembourser les ouvriers, jouissent du même privilége pourvu que cet emploi soit légalement constaté par l'acte d'emprunt et par la quittance des ouvriers.

Sect. iii. — *Des priviléges qui s'étendent sur les meubles et les immeubles.*

Les priviléges qui frappent non seulement la généralité des meubles, mais encore les immeubles, sont ceux énoncés en l'art. 2101 ; ces priviléges priment ceux de l'art. 2103, lorsqu'ils sont en concurrence.

Sect. iv. — *Comment se conservent les priviléges.*

Entre les créanciers, les priviléges ne produisent d'effet à l'égard des immeubles, qu'autant qu'ils sont rendus publics par l'inscription sur le registre du conservateur. Néanmoins la faveur due aux créanciers de l'art. 2101 et le peu d'importance de leur créance ont engagé le législateur à les dispenser de cette formalité ; mais il n'en est pas de même à l'égard des créanciers de l'art. 2103. Le privilége du vendeur ne se conserve que par la transcription du contrat, et cette transcription vaut inscription pour lui, ainsi que pour celui qui a fourni les deniers qui ont servi à l'acquisition de l'immeuble, pourvu que ce dernier se fasse subroger aux droits du vendeur (2108).

Le cohéritier ou co-partageant conserve son privilége sur les biens de chaque lot ou sur les biens licités pour les soultes et retour des lots, pourvu qu'il prenne inscription dans les 60 jours, à compter de l'acte de partage ou de l'adjudication par licitation, durant lequel temps aucune hypothèque ne peut avoir lieu sur le bien chargé de soulte ou adjugé par licitation, au préjudice du créancier de la soulte ou du prix (2109).

Les architectes, entrepreneurs et autres ouvriers, conservent leur privilége par la double inscription du procès-verbal qui constate l'état des lieux et celui de la réception de leur ouvrage (2110)

Les créanciers qui demandent la séparation des patrimoines, conservent leur privilége sur les immeubles de la succession par une inscription faite sur chacun de ses biens (2111).

Le défaut d'accomplissement des formalités prescrites pour la conservation des priviléges ne les anéantit pas; mais dans ce cas, ils sont convertis en simples hypothèques qui n'ont de date à l'égard des tiers que du jour de leur inscription (2113).

CHAPITRE III.

Des hypothèques.

L'hypothèque est un droit réel sur un immeuble, affecté à l'acquittement d'une obligation.

L'hypothèque est légale, judiciaire ou conventionnelle.

SECT. I. — *Des hypothèques légales.*

L'hypothèque légale est celle qui résulte de la loi. Les femmes mariées, les mineurs et interdits, l'état, les communes et les établissemens publics, ont seuls des hypothèques légales. L'hypothèque légale frappe à la fois les biens présens et à venir du débiteur.

SECT. II. — *Des Hypothèques judiciaires.*

L'hypothèque judiciaire résulte de toute sorte de jugement émané des tribunaux français. Quant aux jugemens rendus en pays étranger, ils ne confèrent l'hypothèque que lorsqu'ils ont été déclarés exécutoires par les tribunaux français. De même que l'hypothèque légale, l'hypothèque conventionnelle frappe les biens présens et à venir.

SECT. III. — *Des Hypothèques conventionnelles.*

L'hypothèque étant une espèce d'aliénation, elle ne peut être consentie que par ceux qui ont la faculté d'aliéner (2124).

L'hypothèque conventionnelle ne peut être établie que par un acte authentique. Le titre constitutif doit déclarer spécialement la nature et la situation de chacun des immeubles qui y sont soumis. Par opposition à l'hypothèque légale et judiciaire, elle ne peut reposer que sur les biens présens, à moins qu'il ne soit déclaré par les parties contractantes, que les biens présens étant insuffisans, le débiteur s'engage pour les biens à venir. Si le créancier n'a hypothèque que sur des immeubles qui périssent ou subissent des dégradations, il a le droit d'exiger, dès ce moment, ou l'exécution de l'obligation, ou une hypothèque nouvelle (2127—2129—2130—2131).

L'hypothèque acquise s'étend à toutes les améliorations survenues à l'immeuble hypothéqué (2133).

SECT. IV. — *Du rang que les Hypothèques ont entr'elles.*

Les hypothèques n'étant pas des causes légitimes de préférence, n'ont de rang que par l'inscription, et les hypothèques légales seules existent indépendamment de toute inscription, au profit des mineurs, des femmes mariées, et des interdits. Néanmoins, le législateur impose au mari et au tuteur la charge de rendre publiques par la formalité de l'inscription, les hypothèques dont leurs biens sont grevés, à peine d'être traités comme stellionataires. De plus, il a chargé les subrogés tuteurs, sous leur responsabilité personnelle, de veiller à ce que les inscriptions soient prises en les autorisant à les requérir et en chargeant le procureur du roi du domicile du mari et du tuteur, de prendre les inscriptions d'office; et enfin, il a autorisé les parens de la femme et du mineur, et leurs amis, à les requérir comme le mineur lui-même (2136—2137—2138—2139).

Mais comme cette hypothèque générale pourrait gêner la tradition des biens, les parties majeures peuvent, dans le contrat de mariage, convenir que l'hypothèque de la femme sera restreinte à un ou certains immeubles, mais il ne peut être convenu qu'il ne sera pris aucune inscription. Les parens réunis en conseil de famille peuvent aussi décider , en conférant la tutelle , qu'il ne sera pris inscription que sur certains immeubles.

CHAPITRE IV.

Du mode de l'Inscription des priviléges et Hypothèques.

L'art. 2146 indique la manière dont se font les inscriptions , et de plus cet article applique aux hypothèques les mêmes règles qu'aux aliénations , dans le cas où ces dernières ont lieu dans le temps où les actes faits avant la faillite sont déclarés nuls. Il en est de même entre les créanciers d'une succession , si l'inscription n'a été faite par l'un d'eux que depuis l'ouverture de la succession , et dans le cas où elle n'est acceptée que sous bénéfice d'inventaire.

L'art. 2148 détaille les différentes formalités de l'inscription.

Les inscriptions conservent les priviléges et hypothèques pendant dix années, à compter du jour de leur date. Leur effet cesse si les inscriptions n'ont pas été renouvelées avant l'expiration de ce délai.

L'art. 2156 indique le tribunal devant lequel doivent être portées les actions auxquelles les inscriptions peuvent donner lieu.

CHAPITRE V.

De la Radiation et Réduction des inscriptions.

Dans l'art. 2157 , le législateur s'occupe des moyens nécessaires pour opérer la radiation des inscriptions , et dans l'art. 2158 des formalités à remplir ; la loi n'autorise les tribunaux à ordonner la radiation d'une inscription que lorsqu'elle a été prise sans être fondée , ou lorsque les droits de privilége ou d'hypothèque sont anéan_ tis par les voies légales. Les inscriptions peuvent aussi être réduites lorsqu'elles ont été prises sur plus de biens qu'il n'est nécessaire pour la sûreté de la créance ; néanmoins , ces dispositions ne s'appliquent pas aux hypothèques conventionnelles.

CHAPITRE VI.

De l'Effet des Priviléges et Hypothèques à l'égard des tiers.

L'hypothèque étant un droit réel , elle suit l'immeuble dans quelque main qu'il se trouve ; le créancier a donc toujours le droit de poursuivre le détenteur qui est obligé de délaisser l'immeuble , ou de se soumettre à toutes les charges dont il est grevé. Néanmoins , le tiers détenteur qui n'est pas personnellement obligé , peut exiger , s'il existe d'autres immeubles hypothéqués , la discussion de ses immeubles , et pendant cette discusoion il sera sursis à la vente de l'héritage ; mais l'exception de discussion ne pourra jamais être opposée au créancier privilégié , ou ayant une hypothèque spéciale sur l'immeuble.

Si le tiers détenteur délaisse l'immeuble , il trouve la marche qui doit suivre dans des règles qui ne contiennent que de simples formalités.

CHAPITRE VII.

De l'Extinction des Priviléges et Hypothèques.

L'art. 2180 détaille la manière dont s'éteignent les priviléges et hypothèques : — par l'extinction de l'obligation principale ; — par la renonciation du créancier à l'hypothèque ; — par l'accomplissement des formalités et conditions prescrites au tiers détenteur ; — par la prescription qui a lieu par dix ans entre présens , et 20 ans entre absens , à compter du jour où le titre translatif de propriété a été transcrit sur les registres du conservateur.

CHAPITRE VIII.

Du Mode de purger les Propriétés des priviléges et hypothèques.

Les contrats translatifs de propriété d'immeubles que le tiers détenteur voudra faire purger, devront être transcrits en entier par
le conservateur des hypothèques, dans l'arrondissement duquel les
biens sont situés. Mais le vendeur ne pouvant transmettre sur l'immeuble que les droits qu'il a lui-même, cette transcription ne suffit
pas pour purger l'immeuble. Il doit, indépendamment des formalités auxquelles il est soumis par l'art. 2183, déclarer en même temps
qu'il est prêt à acquitter sur le champ les dettes et charges hypothécaires. Dès ce moment, tout créancier dont le titre est inscrit
peut requérir la mise de l'immeuble aux enchères, à la charge par
lui de remplir les conditions imposées par le présent article, à
peine de nullité. Mais si les créanciers gardent le silence, le prix de
l'immeuble demeure fixé au prix stipulé dans le contrat ou déclaré
par le nouveau propriétaire ; et la libération de ce dernier est as-
surée par le paiement du prix aux créanciers qui seront en ordre
de recevoir, ou en le consignant (2186).

L'art. 2190 porte que le désistement du créancier requérant la
mise aux enchères, ne peut empêcher l'adjudication publique si ce
n'est du consentement de tous les autres créanciers hypothécaires.

CHAPITRE IX.

*Du Mode de purger les Hypothèques quand il n'existe pas d'Inscriptions
sur les biens des maris et des tuteurs.*

Pour purger les hypothèques dont sont grevés les biens des maris
et des tuteurs, le législateur distingue deux cas : ou bien dans le

cours de deux mois de l'exposition du contrat il n'a pas été pris inscription au nom de la femme et des mineurs, ou bien des inscriptions ont été prises. Dans le premier cas, les biens passent au tiers détenteur exempt d'hypothèques, sauf le recours des femmes contre leurs maris, et des mineurs contre les tuteurs ; dans le second cas, l'ordre des créanciers est encore réglé par les dispositions de l'art. 2195.

CODE DE PROCÉDURE.

Tit. xviii. — *Du désaveu.*

Le désaveu est un acte par lequel une personne déclare n'avoir pas donné pouvoir de faire les actes faits en son nom et qu'elle désapprouve.

Le mandat donné à un avoué d'occuper dans une instance peut être exprès ou tacite ; néanmoins il est des cas où les actes faits par un avoué sont d'une telle importance que la loi exige un pouvoir spécial. Ainsi aucune offre, aucun aveu ou consentement ne pourront être faits, donnés ou acceptés sans un pouvoir spécial, à peine de désaveu. (Art. 352.)

Le désaveu doit se faire au greffe du tribunal, par un acte signé de la partie ou du porteur de sa procuration spéciale et authentique, cet acte contiendra les conclusions et constitutions d'avoué. (353.)

Si le désaveu est formé dans le cours d'une instance encore pendante ; il doit être signifié sans aucune demande par acte d'avoué, tant à l'avoué contre lequel on poursuit l'action en désaveu qu'aux autres avoués de la cause, et ladite signification vaudra sommation de défendre au désaveu. (354.)

Mais si l'instance est terminée, l'acte de désaveu est signifié à ce même avoué par exploit. Il en est de même si l'avoué dont on se plaint n'est plus en fonction; s'il est mort , c'est à ses héritiers que doit être signifié l'acte de désaveu. A l'égard des parties de l'instance principale, l'acte de désaveu doit aussi leur être signifié. (355).

Il doit être sursis à l'instruction de l'instance principale jusqu'à la décision du désaveu. (357.)

Comme il est d'intérêt public que les officiers ministériels n'excèdent pas les bornes de leur pouvoir, toute demande en désaveu doit-être communiquée au ministère public. (359.)

Le désaveu est admis ou rejeté. Dans le premier cas, les dispositions du jugement qui ont donné lieu à l'action en désaveu demeurent annulées, et le désavoué sera condamné envers le désavouant, aux dommages-intérêts jugés convenables , il pourra même être puni d'interdiction et poursuivie extraordinairement.

Mais si le désaveu est rejeté, il sera fait mention de l'acte de rejet en marge de l'acte de désaveu, et le demandeur pourra être condamné envers le désavoué et les autres parties en tels dommages et réparations qu'il appartiendra. (361.)

Enfin si le désaveu est formé à l'occasion d'un jugement qui aura acquis la force de chose jugée, il ne pourra être reçu après la huitaine à dater du jour où le jugement devra être réputé exécuté.

CODE DE COMMERCE.

TIT. Ier -- *Des Commerçans et des actes de commerce.*

CHAPITRE PREMIER.

Des commerçans.

On appelle commerçans ceux qui font des actes de commerce et en font leur profession habituelle. Ainsi il ne suffirait pas de faire un seul acte de commerce isolé et même plusieurs actes, pour être considéré comme commerçant, mais pour ce seul fait on serait soumis à la juridiction commerciale, sans être tenu des obligations que la loi n'impose qu'aux commerçans. Il n'est cependant pas toujours nécessaire de faire du commerce sa profession habituelle pour être considéré comme commerçant. Ainsi, si un individu annonce par des affiches ou de toute autre manière l'intention de faire le commerce, il sera par ce seul fait soumis à toutes les obligations commerciales. Il en est de même de celui qui pour se conformer au règlement prend une patente, il se qualifie lui-même et ne peut pas par conséquent nier sa qualité.

Lorsqu'il n'y a aucun fait, aucune preuve qui puisse servir à attester la qualité du commerçant, on doit se servir des règles du droit commun et des présomptions légales.

CHAPITRE 2.

Des actes de commerce.

On appelle actes de commerce ceux qui ont le commerce pour objet, encore qu'ils soient faits par des individus non commerçans.

On distingue deux sortes d'actes de commerce, ceux qui sont tels de leur nature et ceux qui sont tels par la qualité des contractans.

Des actes de commerce qui sont tels de leur nature.

Le 1er alinéa de l'art. 632 répute acte de commerce, indépendamment de la qualité de ceux qui les font, tout achat de denrées ou marchandises pour les revendre soit en nature, soit après les avoir travaillées, soit même pour en louer l'usage.

Ainsi donc pour qu'il y ait acte de commerce il faut qu'il y ait achat de choses mobilières. Néanmoins l'achat et la vente de choses mobilières, ne sont pas toujours la matière de transactions commerciales. Ainsi l'achat d'une rente sur l'état ne serait pas considéré comme un acte de commerce, mais comme un placement de fonds. Il faut encore que cet achat soit fait avec l'intention de revendre. Néanmoins il est des cas où l'achat d'une chose avec l'intention de la revendre, ne constitue pas un acte de commerce. Ainsi, si j'achète des barriques pour vendre tout à la fois et les barriques et le vin que j'ai recueilli, je ne fais pas un acte de commerce, car le but principal de la vente c'est mon vin et non les barriques que j'a achetées.

Enfin il y a acte de commerce lors-même qu'on n'achèterait une chose que pour en louer l'usage. Ainsi les loueurs de chevaux, de voitures et autres, sont soumis, pour leurs transactions, à la juridiction commerciale.

———————

Cette thèse sera soutenue le 7 août 1835, à 10 heures du matin.

Vu par le Président de la Thèse,
FERRADOU.

Toulouse. — Imprimerie de Marie ESCUDIER, rue St-Rome, n° 26.

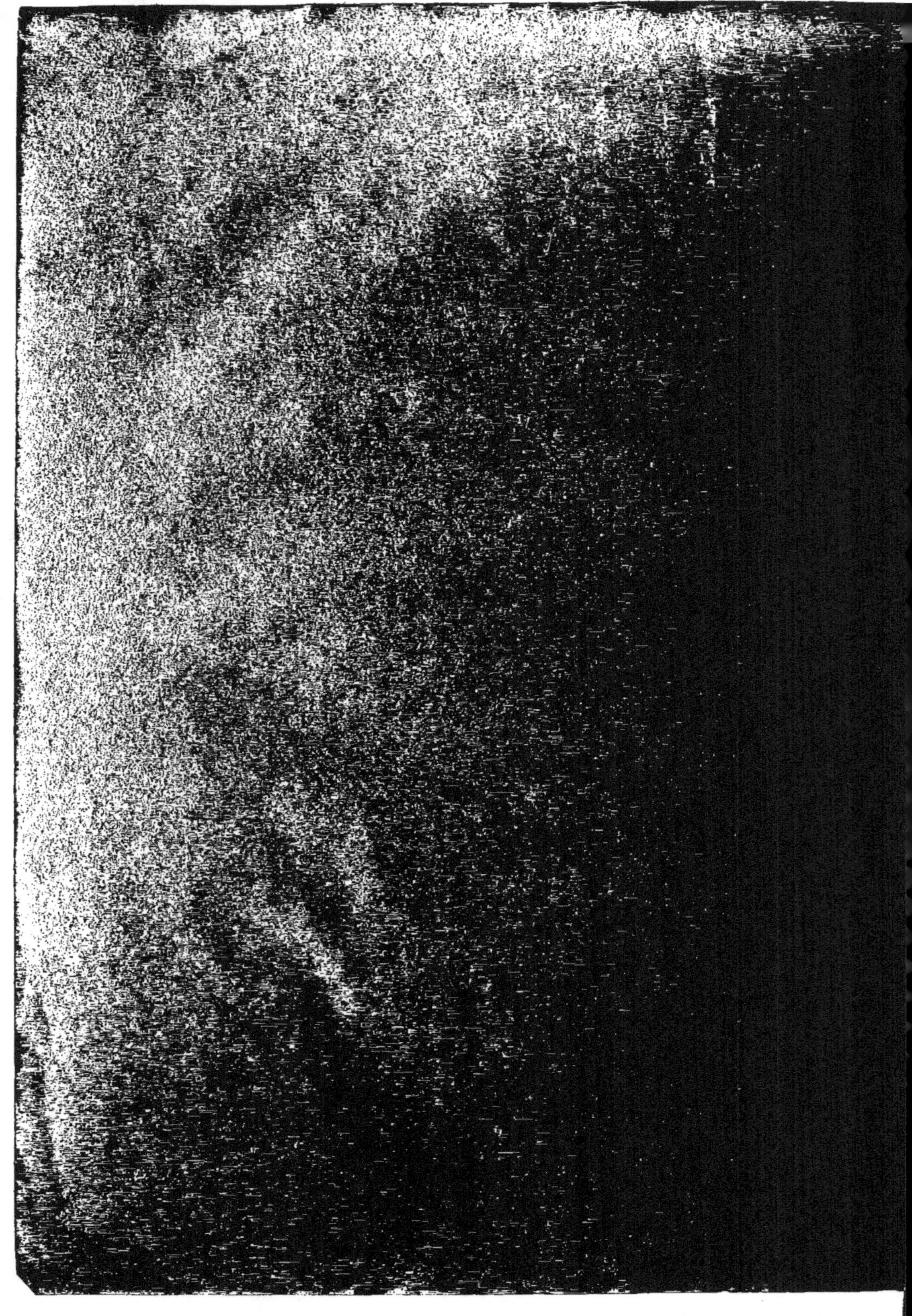